TRILOGIE MORALE

DEUXIÈME PARTIE

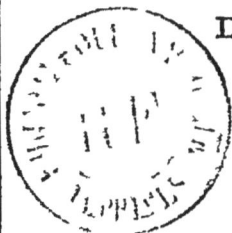

LE

POÈME PSYCHOLOGIQUE

EXTRAIT DE NOTRE

PHILOSOPHIE SPIRITE

PAR

AUGUSTIN BABIN

Dans tout pays l'athée est funeste aux États ;
Et s'il ne l'est lui-même, il fait des scélérats

FÉNELON.

DEUXIÈME ÉDITION

PARIS

VOIR LA PAGE III DE CETTE TRILOGIE MORALE

1881

INVOCATION

O mon DIEU, avec une humilité extrême
J'entreprends de faire paraître ce Poème,
Dans le but d'obéir à votre loi sacrée,
Qui nous recommande le devoir avéré
D'agir envers autrui comme nous désirons
Qu'on agisse avec nous, en droit et en raison;
Et puis de nous aimer tous comme de vrais *frères*,
Puis qu'enfin, pour nous tous, Vous êtes notre *Père*,
Notre unique soutien et *Seul* Consolateur,
De toute chose étant le *Seul* Dispensateur.
Loi adorable que plusieurs de vos enfants,
Tous Esprits supérieurs et nos *frères* aînés,
Sont venus enseigner à notre humanité
Pour la régénérer, tout en la transformant.
Ne pouvant rien sans Vous, soutenez-moi, SEIGNEUR,
Dans mon très humble et puis difficile labeur ;
Afin qu'il puisse être de quelque utilité
A tous mes semblables, mes *frères* bien-aimés,
Auxquels je désire, certes, de tout mon cœur
Et de toute mon âme, offrir un humble écrit
Capable de pouvoir donner à leur esprit,
Le grand désir et puis le suprême bonheur

De chercher à Vous plaire et jamais Vous déplaire.
Car Vous *Seul*, ô mon DIEU, pouvez nous satisfaire
En nous donnant à tous gloire et félicité,
Lorsque dans cette vie nous l'avons mérité.
Que votre volonté s'accomplisse, ô mon DIEU,
C'est, certes, *avant tout*, le plus grand de mes vœux,
Par humble soumission et toute humilité,
Et pour le *vrai* bonheur de notre humanité.

AVIS A NOS LECTEURS

Sur trois *innovations* poétiques admises dans ce Poème.

———————

Ce qui nous a engagé à entreprendre la composition du présent Poème, ce sont les trois *innovations* suivantes, que nous avons admises dans les *règles de la poésie,* comme étant tout à fait *rationnelles* et *sensées,* du moment qu'elles facilitent énormément toutes productions poétiques quelconques ; sans nuire cependant, en aucune manière, à sa *cadence* et à son *harmonie.* Ces trois *innovations* sont les suivantes :

1° Concernant l'*hiatus*, nous ferons remarquer que celui qu'on emploie dans le discours, sans nuire à la pureté de la langue dans laquelle on parle, doit sensément être permis. Ainsi, par exemple, dans le distique suivant :

Femme qui a beauté sans être charitable,
N'est belle qu'à moitié et n'est jamais aimable.

le prémier est défectueux, tandis que le second est supportable, voire même très acceptable (1).

2° Quant à faire *rimer* un singulier avec un pluriel, sans blesser l'oreille, cette *innovation* nous paraît également *rationnelle* et *sensée*, et doit forcément être acceptée, dans le but de rendre la *poésie* beaucoup plus facile ; du moment surtout (nous le répétons) que cela ne nuit aucunement à la *cadence* et à l'*harmonie* des vers en question.

3° La *troisième innovation*, enfin, consiste à admettre que deux syllabes unies entre elles par des voyelles (comme cela arrive dans les mots suivants : *situation, punition, équiangle, conscience,* etc.) doivent pouvoir, à la volonté d'un auteur, se confondre en une seule syllabe ou bien en former deux distinctes ; autrement dit, chacun de ces quatre mots doit pouvoir former trois ou quatre syllabes, sans nuire pour cela, en aucune manière, à la *cadence* et à l'*harmonie poétique* des vers se trouvant dans cette condition. L'extrême importance de cette *dernière innnovation*, c'est qu'elle rend la poésie extrêmement facile, tandis que tout l'opposé existe dans le cas contraire.

Les trois *innovations* dont nous venons de par-

(1) Nous ferons remarquer ici que notre première édition est très defectueuse sous ce rapport, ce qui n'a pas lieu pour celle-ci. De plus, nous ferons remarquer encore, que ce présent *avis* figure également dans nos *deux Poèmes psychologique et astronomique.*   A B.

ler ont d'autant plus de raison d'être, qu'elles ne blessent (nous le répétons encore) aucunement l'oreille et ne nuisent, en aucune manière, à la *cadence* et à l'*harmonie* d'une versification semblable. Au surplus, nous ferons remarquer qu'il n'est pas plus ridicule d'accepter l'*union* de deux syllabes unies par des voyelles, que d'accepter *celle* de l'*e* muet avec la voyelle suivante. Tout cela, est purement une affaire de convention, et les *règles poétiques*, établies par quelques-uns, peuvent parfaitement bien être modifiées par d'autres, dans l'intérêt général...

Telle est, chers Lecteurs, notre manière de voir. *Voyez, examinez* et *décidez* vous-mêmes, si vous devez l'accepter. Quant à ceux qui ne seront pas de notre *avis*, nous leur dirons tout uniquement ceci : *Dites que notre Poème n'en est pas un et n'est qu'une prose versifiée*, nous y consentons très volontiers. Seulement, en montrant une telle rigueur, soyez du moins capables de pouvoir mieux faire, et faites mieux en effet, car le devoir de chacun de nous est de produire, lorsque nos moyens intellectuels nous le permettent ; dans le cas contraire, nous nous rendons forcément coupables d'un acte de *lèse-humanité*, et certainement cela vaut la peine d'y réfléchir.

Nous allons maintenant, chers Lecteurs, termi-
ner cet *avis* par la petite pièce de poésie suivante,
se rapportant aux trois-*innovations* en question:

L'*hiatus*, amis Lecteurs, est souvent défectueux,
Et n'est pas en tout temps dans ce cas malheureux.
Tels sont ceux que, certes, nous avons cru pouvoir
Employer quelquefois, sans manquer au devoir
Imposé sensément par une poésie
Bien comprise et de plus sagement définie.
Quant à faire rimer maintenant un pluriel
Avec un singulier, sans blesser l'oreille,
Nous pensons encore que la simple raison
Nous le fait accepter comme se trouvant bon.
Maintenant, discuter la véritable union
Entre deux syllabes qui sont vraiment entre elles
Unies par de très véritables voyelles,
Nous paraît peu prudent, avec toute raison.
Quant à tous ceux, enfin, qui voudront critiquer
Cette juste opinion, faisons-leur remarquer
Que toute *poésie* exige un règlement
Sensé, puis très prudent, jamais trop exigeant.
Règlement rigoureux peut fort bien se donner ;
Mais soi-même faut-il pouvoir l'exécuter ;
Sinon l'on passe alors, avec toute raison,
Pour un Maître exigeant, ne faisant rien de bon.

AUGUSTIN BABIN.

TRILOGIE MORALE

DEUXIÈME PARTIE

POÈME PSYCHOLOGIQUE

EXTRAIT DES QUATRE LIVRES DE NOTRE

PHILOSOPHIE SPIRITE

AVERTISSEMENT

Dans cet écrit, Lecteurs, nous allons désigner
Du vrai Spiritisme les principes sublimes ;
Principes consolants que l'on doit admirer,
Pour leur grande clarté, puis leur rationalisme.
Aussi, avec raison, nous croyons pouvoir dire
Cette vraie vérité qu'on ne peut contredire :
C'est que des Doctrines elle est la plus sublime.
En voulez-vous la preuve? Elle est facile à dire.
Pour cela, il nous faut, pour avoir votre estime,
De tous ses principaux principes vous instruire.
Ces principes, qui tous sont des plus consolants,
Tout à fait rationnels, Lecteurs, sont les suivants :

LIVRE PREMIER

DIEU ET SES ATTRIBUTS

Dans l'univers entier et dans l'immensité,
DIEU est *l'intelligence* au suprême degré.
Il est également le *Seul* Etre *éternel*
Et cause première de toute création.
Il est, en même temps, *unique, immatériel,*
Immuable, tout-puissant, puis enfin *juste et bon ;*
Attributs qu'il possède à un degré suprême,
Ainsi que l'enseigne la raison elle-même.
Ce serait donc folie et complète imprudence
Que de vouloir prouver l'absolue évidence.
Quant à vouloir prouver sa *divine* existence,
Sans doute ce serait insulter nos Lecteurs,
Et douter un instant de leur reconnaissance.
Quels sont ceux, en effet, qui du fond de leur cœur,
Non salis par l'orgueil ni par la vanité,
Pourraient, hélas ! douter de la DIVINITÉ ?

ÉLÉMENTS GÉNÉRAUX DE L'UNIVERS
ESPRIT ET MATIÈRE

De l'univers sans fin, les deux seuls éléments
Vont de cet article faire le fondement.

D'abord, connaissance du principe des choses
Est pour nous tous, hélas ! chose absolument close;
Seulement, nous savons que la nature entière
Comprend deux éléments : l'*esprit* et la *matière*,
Le dernier élément change en se purifiant;
Le premier, immortel, va toujours progressant.
Le dernier est connu comme étant pondérable;
Le premier, au contraire, est tout impondérable.
Inerte est le dernier, le premier dirigeant.
Tels sont de l'univers les deux seuls éléments.

CRÉATION

FORMATION ET TRANSFORMATION ; LES TROIS RÈGNES DES ÊTRES VIVANTS ; ÉTERNITÉ ET CRÉATION ÉTERNELLE

La création comprend toute chose créée,
Compris dans l'univers et dans l'immensité.
Par elle se produit la formation des mondes
Et leurs, en même temps, transformations profondes.
Elle produit, en plus, tous les Êtres vivants
Comprenant trois règnes, lesquels sont les suivants :
Les règnes végétal, animal et humain;
Le dernier, forcément, étant le nôtre enfin.
La vie dans le premier est des plus inconscientes;
Dans le deuxième, elle est plus ou moins bien consciente.
Dans le dernier des trois, ou bien le règne humain,
Elle est absolument consciente et puis sans fin :
En effet, pour nous tous, hors de la vie actuelle,

Existe une autre vie tout à fait spirituelle.
Disons, en terminant, que toute création
Et, de plus encore, toute transformation
Ont, comme DIEU Lui-même, existé de tout temps,
Et doivent exister toujours également.
Sans doute, notre esprit est beaucoup trop borné
Pour pouvoir apprécier semblable vérité.
A cause de cela, faut-il la rejeter?
Non certes, au contraire, il nous faut l'accepter,
Tout en reconnaissant, avec humilité,
Que tout n'est pas connu de notre esprit borné.
La raison, au surplus, nous oblige à penser
Que DIEU, en aucun temps, n'est resté sans créer.
La création est donc forcément éternelle;
Conclusion évidente et toute naturelle.

PRINCIPE VITAL

ÊTRES ORGANIQUES ET INORGANIQUES;
DE L'AME ET DU PÉRISPRIT;
MORT MATÉRIELLE; INSTINCT ET INTELLIGENCE.

Le principe vital, dans la nature entière,
Donne le mouvement à l'inerte matière,
Qui, naturellement, est tout inorganique.
C'est lui qui procure à tous êtres organiques
La vie végétale, puis la vie animale.
A notre *chère âme*, la partie principale,
C'est également lui qui sert de périsprit;

Puis, sert d'intermédiaire entre le corps et l'*âme*,
Laquelle est destinée à devenir Esprit,
Alors que de la vie s'éteint en nous la flamme.
Dans ce cas c'est la mort, ou bien autrement dit
La destruction du corps et puis la délivrance
De notre *chère âme*, qui redevient Esprit.
Ainsi l'a décidé l'*immuable* PROVIDENCE.
Il nous reste à citer deux différents principes,
Que nous appellerons : instinct, intelligence.
Le premier appartient audit vital principe;
L'autre de l'âme humaine est la plus pure essence.

LIVRE DEUXIÈME

DES ESPRITS

DÉFINITION DES ESPRITS; ORIGINE DES ESPRITS; DIFFÉRENTS ORDRES ENTRE LES ESPRITS.

Notre *âme*, avons-nous dit, en dehors de la vie
Humaine qu'ici-bas nous avons à subir,
Devient Esprit. Cela, certes, étant admis,
Les Esprits peuvent donc pouvoir se définir :
Etres intelligents et moraux composant,
Hors des mondes humains, le monde des Esprits.
Quant à leur origine, il nous faut forcément,
Ainsi que nous le fait supposer notre esprit,
Admettre qu'en tout temps ils ont été créés
Simples et ignorants, ayant même aptitude
Pour faire bien ou mal. Une telle pensée
Équivaut, suivant nous, à une certitude.
Concernant leur forme : leur corps étant formé
Du périsprit dont nous avons déjà parlé,
Assurément elle est celle du corps humain;
Cela doit nous paraître évident et certain.
Enfin, en dernier lieu, il nous faut remarquer
Que, parmi les Esprits, des degrés différents

Doivent, amis Lecteurs, forcément exister,
Lesquels se réduisent aux cinq ordres suivants :

1er ORDRE

Premier ordre comprend les Esprits arrivés
A toute perfection, n'étant plus obligés,
Dans ce cas, de subir la réincarnation,
Se trouvant au plus haut degré d'épuration.
On les nomme Esprits *purs*, qui pour l'éternité
Doivent jouir, pour sûr, de la pure existence
Absolument morale et spiritualisée,
Ainsi l'a décidé, pour eux, la PROVIDENCE.
Des Esprits purifiés, tout le bonheur suprême
Consiste à voir, aimer et puis comprendre DIEU ;
Ils sont ses Messagers et ses Ministres même,
Chargés de transmettre ses ordres en tous lieux.
Les mondes qui, pour eux, servent d'habitation,
Sont les mondes *divins*, tout à fait épurés ;
Ces mondes sans doute, d'après notre raison,
De toute création sont les plus élevés.

2me ORDRE

Deuxième ordre comprend les Esprits arrivés
Au degré le plus haut de toute épuration,
Auquel tout Être humain, pour sa félicité,
Ait le droit d'arriver. Dans cette condition,
Les Esprits s'appellent : les Esprits *supérieurs*,
Et les mondes humains, leur servant de demeure,

Sont aussi appelés : les mondes *supérieurs.*
Ces Esprits arrivés au faîte du bonheur
Dont tous les humains sont appelés à jouir,
Aux Esprits inférieurs commandent d'accomplir
Les ordres absolus de la DIVINITÉ,
Qui tous leur sont transmis, de toute éternité,
Par tous les Esprits *purs,* qui seuls assurément
Ont le droit d'approcher de l'ÊTRE Tout-Puissant.

3me ORDRE

Troisième ordre comprend les Esprits épurés,
Inférieurs d'un degré aux Esprits supérieurs.
Chez eux tous domine la spiritualité;
Ce qui les rend, alors, tant soit peu supérieurs.
Amour et sympathie les unissent ensemble;
De là, pour eux, la vie plus heureuse et plus ample
Que la nôtre, dont nous allons faire mention.
Quant aux mondes humains, leur servant de demeure,
Il nous faut convenir, avec toute raison,
Qu'ils ont tous droit au nom de *régénérateur.*

4me ORDRE

Quatrième ordre comprend les Esprits mélangés,
Dont notre humanité se trouve composée.
Nous est-il, en effet, possible d'ignorer
Que le bien et le mal se trouvent figurer
Tout à fait mélangés dans notre humanité?
C'est que trop vrai, hélas ! et cette vérité

Est cause évidente, que nous appellerons
Notre monde terrestre, un monde d'*expiations*,
Ainsi que d'épreuves. A nous donc, exilés,
De faire beaucoup mieux que par les temps passés,
Si nous voulons avoir le suprême bonheur
De ne plus retourner sur ce monde inférieur,
Et d'être, en même temps, alors autorisés
A nous incarner sur l'un des susdésignés.

5me Ordre

Le dernier ordre enfin, lequel est le *cinquième*,
Est le plus matériel, et de plus, disons même
D'une infériorité tout à fait absolue.
La vie de ces Esprits étant à leur début,
C'est pourquoi on les dit les Esprits *primitifs*,
Qui n'ont rien à expier, n'ayant aucun passif.
Quant aux mondes humains, leur servant de demeure,
Ils ne peuvent porter qu'un nom semblable au leur.
Tels sont les cinq ordres, qui, dans l'immensité,
Divisent les Esprits suivant la volonté
Absolue de Celui qui *Seul* a tout créé,
Ou bien, autrement dit de la DIVINITÉ.
Nous allons, maintenant, donner l'explication
De ce que peut être la progression pour eux.
Règle générale : la plus simple raison
Nous dit que les Esprits, plus ou moins malheureux,
Sont tous susceptibles de pouvoir progresser
Et d'arriver, enfin, au *but* tant désiré,
L'état spirituel dans toute sa pureté;

Loi des plus sublimes, qu'il nous faut admirer.

Dans ce but, il leur faut subir l'incarnation

Dans une humanité, comme il est de raison.

Enfin, *Anges*, *démons*, désignent les plus purs,

Ainsi qu'ils désignent aussi les plus impurs.

INCARNATION DES ESPRITS

BUT DE L'INCARNATION ET SES CONSÉQUENCES.

Les Esprits, comme Agents de la DIVINITÉ,

Pour s'unir à l'œuvre des mondes matériels,

Prennent un corps humain pour un temps limité.

Alors ont lieu, pour eux, les devoirs matériels

Devant perfectionner leur faible intelligence.

Ainsi l'a décidé la sage PROVIDENCE.

On appelle cela la *réincarnation;*

Laquelle, sans doute, d'après notre opinion,

Doit se produire ainsi : lors de la conception,

Tout Esprit destiné à prendre possession

D'un corps humain étant en voie de formation,

Au germe dudit corps unit son périsprit.

Alors, probablement, cette susdite union

Doit progresser sans cesse, au point que pour l'Esprit,

Elle doit se trouver à très peu près entière,

Au moment que le corps paraît à la lumière.

C'est alors pour l'Esprit l'oubli de son passé,

Son libre arbitre en fait une nécessité.

DE L'AME, DU PÉRISPRIT ET DU CORPS

L'âme étant l'unique principe intelligent
Des humains, elle doit (c'est vraiment évident)
Leur donner la pénsée, la liberté d'agir,
Et puis la volonté. Elle est, nous pouvons dire,
Immatérielle, indi-viduelle et *immortelle.*
Unie au périsprit, c'est l'Être spirituel,
Que nous nommons Esprit; lequel constitue l'*homme*
En s'unissant au corps purement matériel.
Alors, dans un tel cas, il existe dans l'*homme*
Trois choses : d'abord l'*âme*, étant immatérielle;
Puis vient le périsprit, que semi-matériel;
Puis ensuite le corps tout à fait matériel.
L'*âme* est un Être simple et l'Esprit un double Être,
Formé du périsprit uni au premier Être.
L'*homme* enfin est triple et se trouve composé :
Du corps, du périsprit et de l'*âme* affligée;
Affliction naturelle, avec toute raison,
Du moment qu'ici-bas elle est en punition,

MORT MATÉRIELLE, VIE ÉTERNELLE

Qu'est-ce la mort du corps purement matériel?
C'est la délivrance de l'Être spirituel,
Qui naturellement, hors de l'humanité,
Doit conserver sa propre individualité;

Le périsprit que notre *âme* emporte avec elle,
Lui sert à composer son corps dit spirituel.
Le départ de l'*âme* s'appelle sensément
La désincarnation, qui, naturellement,
Est le contraire de la réincarnation;
Vu que les deux sont en complète opposition.
La vraie vie pour l'Esprit, c'est la vie éternelle;
Celle du corps n'est que simplement temporelle.

PLURALITÉ DES EXISTENCES HUMAINES, etc.

La réincarnation étant chose certaine,
La pluralité des existences humaines
Est, sans aucun doute, forcément acceptée.
Une autre vérité, physiquement prouvée,
C'est l'infinité vraie des mondes matériels;
Lesquels sont sans doute plus ou moins épurés,
Devant être habités par Êtres spirituels
Qui sont également plus ou moins élevés,
Dans la vraie hiérarchie tout à fait spirituelle,
Assertion évidente et toute naturelle.
De ce qui précède, de grandes vérités
Peuvent se déduire : tout d'abord sur l'enfance,
Les liens de famille, les sexes annulés
Parmi tous les Esprits, et puis les ressemblances
Physiques, morales, parmi les incarnés.
Concernant, maintenant, toutes idées innées :
C'est l'intuition qui nous les donne évidemment,
Laquelle est inhérente à tous les habitants

De ce petit globe, l'un des moins avancés
De tous ceux existant dans notre immensité.

VIE SPIRITE

ESPRITS ERRANTS ; MONDES TRANSITOIRES ; ÉTAT SPIRITUEL ;
CHOIX DES ÉPREUVES ; HIÉRARCHIE SPIRITE ;
SOUVENIR DU PASSÉ.

Les Êtres spirituels, non encore Esprits *purs*,
Au sortir de la vie de l'humaine nature,
Sont des Esprits errants, c'est-à-dire, attendant
Le moment voulu pour s'incarner de nouveau,
Dans le but de pouvoir, alors en progressant,
Se rapprocher de DIEU, but absolument beau.
Mondes transitoires, en voie de formation,
Sont généralement leur point de réunion.
Perceptions, sensations, impressions des Esprits
Existent pour eux tous, hors de la vie actuell·,
Et bonheur ou malheurs, sont les uniques prix
Qui leur sont accordés, dans la vie spirituelle.
Faisons donc ici-bas, notre devoir humain
Et nous jouirons alors, d'un vrai bonheur sans fin.
C'est l'Esprit lui-même qui choisit ses épreuves,
Au moment qu'il lui faut de nouveau s'incarner,
Et cela pour avoir sa part dans la grande œuvre.
Plus elles sont dures, plus il doit s'estimer,
Tout leur mérite étant dans la difficulté ;
Ainsi l'a décidé de DIEU la volonté.

Entre eux tous existe la hiérarchie spirite,
Conséquence de leur plus ou moins grand mérite;
Existent ensuite les rapports sympathiques
Ou bien encore ceux qui sont antipathiques.
L'*âme*, à l'état errant se rappelle toujours
Avec lucidité sa dernière existence;
En cela consistent ses bons ou mauvais jours,
Qu'elle puise, en effet, dans sa propre conscience,
Qui n'est plus obscurcie par les passions mondaines
Et doit, certainement, régner en souveraine.

RETOUR A LA VIE CORPORELLE

PRÉLUDE DU RETOUR; EXPLICATION DES ANOMALIES; IDIOTISME ET FOLIE; DE L'ENFANCE; SYMPATHIE ET ANTIPATHIE.

La mort du corps étant pour l'Esprit renaissance,
La réincarnation, pour lui, est claustration
Et de plus un exil. La claustration commence
Tout aussitôt que se produit la conception;
Grande vérité dont nous avons fait mention,
Tout en définissant la réincarnation.
L'Esprit, en s'incarnant, apporte assurément
Tous ses talents moraux et puis intellectuels;
D'où les anomalies, tout naturellement,
Qui se trouvent, hélas! dans notre monde actuel.
De l'organisme on doit admettre l'influence,
Puisque c'est lui qui sert à notre intelligence

Pour se manifester. Idiotisme et folie,
Dans ce cas s'expliquent avec facilité;
L'organisme, en effet, se trouvant rétréci,
L'intelligence alors manque de liberté
Pour pouvoir librement exprimer sa pensée,
Semblable explication nous paraît très sensée.
Concernant l'enfance, sans doute elle doit être
Nullement pénible pour l'Esprit incarné;
Pour lui, au contraire, c'est un repos peut-être.
Quant à l'explication, parmi les incarnés,
Des douces sympathies et des antipathies,
Elle prend sa source dans l'intuition bènie;
Laquelle ils possèdent pendant l'incarnation.
Pour l'oubli du passé, il a pour sa raison
Que, dans tout autre cas pour les Êtres humains,
Le libre arbitre, alors, serait par trop restreint.

SOMMEIL, SOMNAMBULISME

Pour le repos du corps, le sommeil est utile,
Et bonne conscience le rend toujours tranquille.
En ce moment, alors, l'*âme* pour un instant
Se trouve délivrée; jouit par conséquent
De la vie bien-aimée ou la vie spirituelle.
Dès le réveil du corps, notre *âme* se rappelle
Plus ou moins des rêves qui l'ont impressionnée,
Et qui, le plus souvent, n'ont aucune portée,
Ou du moins, très souvent, lui sont inexplicables.
Le somnambulisme, sommeil très remarquable,

Peut être naturel ou bien artificiel.

C'est un état de l'*âme*, alors exceptionnel,

Qui lui permet d'agir sur son corps assoupi,

Et lui fait accomplir des actes incompris,

Que le Spiritisme peut seul nous expliquer.

Pour s'en convaincre, il faut seulement l'*étudier*.

INTERVENTION

DES ESPRITS DANS LE MONDE CORPOREL

Les Esprits pénètrent aisément nos pensées,

Même celles que nous croyons les plus cachées.

La raison, la voici : le fluide universel

(Réel atmosphère de l'Être spirituel),

Pour saisir la pensée leur sert de véhicule,

Absolument comme, pour nous, notre atmosphère,

Pour entendre les sons, nous sert de véhicule.

Cette juste raison doit tous nous satisfaire.

De cette vérité, que devons-nous conclure ?

Cette autre vérité, vraiment tout aussi sûre :

C'est qu'ils doivent pouvoir agir sur nos pensées,

Au point même qu'elles en sont influencées.

Ce qui sans doute explique, avec toute raison,

L'état anormal des possessions, convulsions,

Que nous voyons souvent exister parmi nous.

Cette vérité donc nous intéresse tous;

Elle nous dit aussi, que nos Anges gardiens

Ont tout pouvoir pour nous soutenir dans la vie,

Lorsque de leurs très bons conseils nous voulons bien,
Pour notre grand bonheur, écouter les avis.

OCCUPATION DES ESPRITS ET PHOTOGRAPHIE
DE LA PENSÉE.

Occupations, missions, sont des devoirs sérieux,
Lesquels sont imposés aux Esprits dans les cieux ;
Car tous, en général, sont dans l'obligation
De concourir, enfin, à la grande harmonie
De l'univers entier; de plus leur ambition,
Certes, doit consister à vouloir être admis
Dans *l'œuvre sublime, celle* du CRÉATEUR.
C'est en cela que doit consister leur bonheur.
Tous les plus épurés, reçoivent de DIEU même
Ses ordres suprêmes, que tous doivent eux-mêmes
Transmettre sur-le-champ aux Esprits supérieurs,
Lesquels les transmettent aux Esprits inférieurs,
Chargés d'exécuter les immenses travaux
De toute création; pour eux tous, inégaux,
C'est un devoir sacré, qui leur est imposé
Pour accomplir les vues de la DIVINITÉ.
Il nous faut, maintenant, porter notre attention
Sur la photograghie et la télégraphie
De la pure pensée. Dans ce cas, nous aurons
Besoin d'avoir recours à ce simple récit :
Ainsi, par exemple, les fluides spirituels,
Constituant du fluide cosmique universel

L'un des états divers, à proprement parler,
Ces fluides, pour l'Esprit, doivent assurément
Être son atmosphère, où il lui faut puiser
Les divers matériaux sur lesquels maintenant,
Pour remplir sa mission (1), il lui faut s'escrimer.
C'est enfin le milieu, où doivent s'opérer
Les choses spéciales, visibles seulement
Pour l'Esprit et, de plus, qui sont uniquement
Sensibles pour lui seul. C'est aussi le milieu
Dans lequel se forme le fluide lumineux,
Absolument spécial aux mondes spirituels;
Autrement dit, c'est pour les Êtres immortels
Le vrai véhicule de toutes leurs pensées;
Comme l'air est pour nous, mortels infortunés,
Le réel véhicule assurément du son.
Enfin, reconnaissons que des Esprits l'action
Sur fluides spirituels, s'opère seulement
Par leurs seules pensées et par leur volonté.
Il nous faut donc alors, tout naturellement,
Admettre qu'ils ont tous le pouvoir assuré
De produire à l'instant, puis sans difficulté,
Tout objet qui, par eux, peut être désiré.

LES QUATRE RÈGNES

Tout ce qui compose toute la création
Doit naturellement, d'après notre raison,

---

(1) Si nous disons ici, *pour remplir sa mission*, en parlant de l'Esprit désincarné : c'est parce que les Esprits doivent, sans aucun doute, avoir une

En quatre grands règnes pouvoir se diviser ;

Lesquels règnes doivent ainsi se composer :

Minéral, végétal, animal et humain,

Ce dernier spirituel et plus ou moins moral.

Concernant le premier, le minéral enfin,

Il comprend tout ce qui, du principe vital

Est tout à fait privé ; tous les corps très nombreux

Dont il est composé, sont à l'état gazeux,

Liquide ou solide ; la force mécanique

Qui unit, plus ou moins, les éléments entre eux,

Prend le nom, en chimie, d'affinité chimique.

Cedit règne comprend les corps les plus nombreux.

Les plantes, composant le règne végétal,

Sont à coup sûr doués du principe vital ;

Sans cependant avoir aucunement conscience

(Du moins nous le pensons) de leur propre existence.

Sans volontés propres, elles n'ont que la vie

Purement organique et sensitive aussi ;

De plus sont soumises, comme l'est la matière,

Même d'une manière absolument entière,

A la même loi des affinités chimiques,

Comme enfin tous les corps qui sont inorganiques.

Nous allons, maintenant, porter notre attention

Sur tous les animaux, qui, comme de raison,

Constituent en entier tout le règne animal.

Tous sont vraiment doués du principe vital ;

---

mission spirituelle dans le monde des Esprits (lequel n'est autre que l'immensité), comme a l'état d'incarnés, ils en ont une *matérielle et morale* sur le globe terrestre, qui leur sert momentanément de demeure.

Et sont également, doués d'intelligence
Purement instinctive; étant, en conséquence,
Très limitée et sans aucune initiative.
Ils ont la conscience de leur propre existence,
Et, disons-le ici, fort souvent il arrive
Que les plus avancés ont une intelligence
Vraiment très remarquable, et puis des sentiments
Dont beaucoup d'incarnés sont malheureusement,
Par trop privés, hélas! Vérité malheureuse,
Qui doit faire rougir tous les infortunés
Dont la triste conduite est assez défectueuse
Pour pouvoir les réduire à ce triste degré.
L'espèce humaine enfin, ou bien le dernier règne,
Ayant tout ce qu'on voit dans les trois premiers règnes,
Possède encore une réelle intelligence
Spéciale, indéfinie et plus ou moins morale,
Lui donnant le désir, et, de plus, la puissance
(Puissance possédée par aucun animal)
De rendre plus parfait tous les travaux qu'il fait.
Lui seul, en même temps, possède le secret
De sa future vie; de plus, a connaissance
De l'existence et puis de la *Toute-Puissance*
De l'*unique Auteur* de toute chose créée,
Autrement dit enfin, de la DIVINITÉ.

LIVRE TROISIÈME

___

LOIS DIVINES OU NATURELLES

La Loi du CRÉATEUR, est la *loi* naturelle,
La *seule* véritable et qui soit éternelle;
La *seule* vraie enfin, pour le bonheur de l'*homme*.
Conformons-nous-y donc, tous autant que nous sommes ;
Le plus simple bons sens, nous en fait un devoir
Absolument sérieux et puis obligatoire,
Si nous voulons avoir le suprême bonheur
De pouvoir plaire à DIEU, le *Seul* Dispensateur
De tout ce qui compose (en toute vérité)
La nature entière, de toute éternité.
Cette *loi*, chers Lecteurs, est des plus adorables,
Car, *seule*, elle est gravée, en traits ineffaçables,
Dans le cœur de l'*homme* dont la reconnaissance
S'élève, avec ardeur, vers la *Toute-Puissance*.
Bien malheureux, hélas ! est tout infortuné
Qui, dans notre très faible et pauvre humanité,
Ose mettre en doute, que dans l'immensité
Rien ne s'est fait tout seul, tout a été créé.
Sublime vérité, que dans toutes nos sciences,

Nous avons acceptée toujours avec confiance,
Laquelle est la suivante, absolument sensée :
« *Il ne peut exister un seul effet sans cause.* »
Comment donc, dans ce cas, peut nous être expliquée
Toute la création dont l'*homme* n'est pas cause?
Écoutons notre cœur et puis notre conscience,
Notre raison alors, avec toute confiance,
Nous dira d'accepter les principes sublimes
De la *seule loi* qui mérite notre estime :
La *loi divine* enfin, immuable et éternelle,
La *seule* qui comprend les vraies *lois* naturelles
De l'univers entier, qui sont les *lois* morales,
Ainsi que physiques de la nature entière.
Les premières, pour nous, vraiment les *principales*,
Sont alors les *seules*, qui vont nous occuper.
Dans ce but, il nous faut, ainsi que la prudence
Nous en fait un devoir, trouver la division,
La meilleure possible. Alors, en conséquence,
Il nous faut accepter, avec juste raison,
Celle qui permettra d'embrasser tout l'ensemble
De la vie humaine; laquelle est, il nous semble,
Absolument conforme à cette division :
La loi *d'adoration*, puis de *reproduction*,
Conservation, *travail*, *destruction*, *société*,
Progrès, *égalité*, ensuite *liberté;*
Puis enfin, la loi de *justice* et *charité*,
Cette dernière étant la plus considérée.
La raison en est simple et vraiment naturelle :
C'est sans aucun doute, parce que c'est par elle,

Que la Créature peut le plus progresser
Tout en s'améliorant, c'est-à-dire avancer
Vers DIEU, notre unique et vrai *Père spirituel*,
Seule source absolue du bonheur éternel.

LOI D'ADORATION

La loi d'adoration est vraiment naturelle
Chez toute Créature humaine et spirituelle,
Qui ressent dans son cœur toute reconnaissance
Pour DIEU, son *seul* soutien et sa *seule* espérance.
Elle est également, le résultat forcé
Et inévitable de sentiments innés,
Comme l'existence de la DIVINITÉ,
Est tout à fait innée chez tous les incarnés,
Et les désincarnés chez qui ce sentiment
Est inaltérable; ce qui, par trop souvent,
Est bien loin d'exister chez lesdits incarnés,
Dont quelques-uns, hélas! sont assez aveuglés
Par un stupide orgueil ou par la vanité,
Pour *nier* l'existence de la DIVINITE.
Plaignons ces malheureux, car ils feront pitié,
Quand ils seront parmi tous les désincarnés.
Enfin l'adoration est indifféremment
(Ainsi que le *bon sens* le dit assurément) :
Soit mentale ou verbale, intérieure, extérieure,
Et puis individuelle ou bien entre plusieurs.
Toutes sont bonnes quand elles partent du cœur,
Et si, de plus encore, elles ont le bonheur

D'être le résultat de la sincérité,

Vie contemplative, par la DIVINITÉ,

Ne peut être agréée ; en voici la raison :

C'est que sur la terre, sans doute nous avons

Tous, tant que nous sommes, des devoirs à remplir,

Une telle raison peut grandement suffire,

Il nous faut, maintenant, parler de la prière.

Notre premier devoir, est de faire observer :

Que de notre âme elle est la vraie respiration,

C'est-à-dire un besoin souverainement bon ;

Que dite avec ferveur et puis sincérité,

Elle est bien agréée par la DIVINITÉ.

Mais, dans le cas contraire, elle n'est pas écoutée,

De plus est sans valeur, pour qui l'a prononcée.

La prière consiste à louer, demander

Et, de plus encore, consiste à remercier.

Elle peut être enfin, c'est vraiment évident,

Vocale ou mentale, publique ou isolée ;

Toutes ont leur mérite et sont évidemment,

Quand elles sont pures, tout à fait agréées.

Disons encore ici, qu'on peut aussi prier

Les bons Esprits, qui sont de DIEU les Messagers ;

Tout en reconnaissant qu'elles n'ont de valeur,

Qu'une fois agréées par notre CRÉATEUR.

DE LA REPRODUCTION

La reproduction est, tout naturellement,

Loi de la nature, c'est vraiment évident.

En effet, *sans elle*, les trois règnes derniers

Seraient anéantis, et le règne premier,

Ou règne minéral, pourrait seul exister.

D'après cela, Lecteurs, nous pouvons affirmer

Qu'une semblable preuve est plus que suffisante.

Redouter, maintenant, l'augmentation trop grande

De la reproduction, nous paraît peu sensé

Et puis, encore, empreint de culpabilité.

En effet, dans ce cas, c'est manquer de confiance

(Ce qui est tout à fait une grande imprudence)

En la DIVINITÉ, qui naturellement

Se charge d'y pourvoir, afin de maintenir

L'équilibre en toutes choses assurément.

Pauvres infortunés, il nous faut convenir :

Que, ne voyant qu'un coin de toute la nature,

Nous ne pouvons juger de la grande harmonie

De tout son ensemble; d'après cela, pour sûr,

Il faut nous délivrer d'une telle manie.

Une autre utilité de la reproduction,

Est des êtres vivants toute amélioration;

Laquelle se produit pour les trois premiers règnes,

Soit d'elle-même ou bien avec l'aide assurée,

De tous Êtres compris dans le quatrième règne.

Ainsi l'a décidé de DIEU la volonté.

De ces utilités, la dernière est enfin,

L'union des deux sexes, dans notre monde humain;

Union qui certes tend à la fraternité,

Entre tous les Êtres de notre humanité,

LOI DE CONSERVATION

Le désir de vivre est une loi de nature,
Tout à fait générale à toutes créatures.
C'est un instinct commun à tous êtres vivants,
Afin que tous puissent (cela, c'est évident)
Accomplir la tâche qui leur est imposée,
Et puis, en même temps, a pour but avéré
De soutenir *l'homme* dans toutes ses épreuves,
Qui, pour un grand nombre, sont de sérieuses preuves
De leurs fautes passées, qu'ils ont à réparer;
Ils doivent le comprendre et jamais l'oublier.
DIEU, infiniment bon, donne à tous ses enfants,
Toute chose utile pour leur conservation.
Seulement, la plupart, souvent imprévoyants,
Éprouvent quelquefois de grandes privations
Qui peuvent, plus ou moins, nuire à leur existence;
C'est alors, chez eux tous, un manque de prudence
Dont ils devront alors subir la conséquence,
Ici-bas et, de plus, dans une autre existence.
Quant aux privations et souffrances volontaires,
Que quelques personnes s'imposent par piété :
Elles n'ont de valeur que quand ce qu'on veut faire,
A pour but l'intérêt de notre humanité,
Ou bien celui d'autrui, notre frère incarné.
Dans tous cas contraires, à la DIVINITÉ
On ne peut que déplaire, en voici la raison :
C'est qu'alors, de leur part, c'est une pure action

Tout à fait égoïste et des plus regrettables,
Étant la plus hideuse et la plus punissable.
— Avis à tous Messieurs les Membres du Clergé,
Qui l'hiver vont pieds nus ou qui se flagellent,
Dans le faux but de plaire à la DIVINITÉ.
Ils se trompent, hélas! et ce qu'ils appellent
Une action méritoire, est tout uniquement
Un acte absolument des plus *insignifiants*,
Quand il ne doit pas nuire à leur propre existence;
Dans le cas contraire, il devient *crime avéré*
Et *des plus coupables*, lequel la PROVIDENCE
Punit avec une *grande sévérité*.

LOI DU TRAVAIL

Le travail est surtout une loi de nature,
Parce que, forcément, pour toute créature
Il est absolument une nécessité.
En effet, supposons le travail annulé :
La civilisation et toute vraie jouissance,
Pour notre humanité n'ont aucune existence.
Le travail sert à *l'homme* à expier son passé,
Puis à perfectionner toutes ses facultés,
Qu'elles soient morales ou bien intellectuelles,
Mais, malheureusement, à notre époque actuelle,
La plupart d'entre nous sont assez malheureux
Pour n'y voir que le seul bien-être matériel
Qui doit en être la conséquence pour eux,
Oubliant leur avenir purement spirituel,

Ils ne voient que la brute et négligent l'esprit,

Qui, *seul*, doit survivre dans le tout infini.

Plaignons ces malheureux, qui, comme le lapin

Perdant le prix de course avec la tortue,

Perdront également l'unique prix enfin,

Qu'ils pourraient acquérir par un peu de vertu.

Du repos, maintenant, il faut nous occuper,

Car, après le travail, il sert à réparer

Les fatigues du corps ou celles de l'esprit.

Tous ceux, d'après cela, qui par autorité

Exigent un travail exagéré d'autrui,

Déplaisent tout à fait à la DIVINITÉ.

LOI DE DESTRUCTION

Ce que nous appelons être une destruction,

N'est en réalité qu'une transformation,

Qui n'a pour but, Lecteurs, que l'amélioration

De ce qui compose toute la création.

La destruction est donc une loi de nature,

Absolument commune à toute créature

D'un monde matériel et peut se concilier

Avec la *suprême* bonté du CRÉATEUR;

Puisque son but consiste à faire progresser

Tous les êtres vivants, ce qui fait leur *bonheur*.

De cette vérité, il ne faut pas conclure,

Que toutes destructions, sans aucune mesure,

Puissent impunément par *l'homme* se produire;

Ce serait une erreur qu'il nous faut pas subir.

La *seule* destruction qui soit autorisée,
N'est que celle vraiment tout à fait nécessaire.
Toute autre est coupable, puis toujours redressée
Par une punition nullement arbitraire,
Mais absolument juste et de plus rationnelle.
Concernant le suicide, action très criminelle,
Sa gravité dépend des motifs malheureux
Qui ont occasionné un crime aussi affreux.
Mais il existe encore un crime plus blâmable,
Qui consiste dans la très triste destruction
De l'homme par l'homme. Dans ce cas, le coupable
Est des plus à plaindre, si sa funeste action,
Par lui, est accomplie dans un but de vengeance;
Crime des plus affreux quelle que soit l'offense.
Alors, dans un tel cas, forcément il nous faut
Pardonner ou avoir recours aux tribunaux.
Si cela, cependant, ne peut pas nous suffire,
Il nous faut, dans ce cas, pour vouloir en finir,
Avoir recours au *duel uniquement moral*,
Tout autre étant, pour nous, tout à fait immoral.
Ce duel est celui-ci : c'est alors de sommer
Celui qui se sera permis de nous frapper,
Sans motif valable tout naturellement,
A nous accompagner, tout aussi promptement
Que les circonstances alors le permettront,
Dans une ville que, sans doute, nous saurons
Fortement éprouvée par une maladie
Très pestilentielle; consacrant notre vie
Aux soulagements des pauvres pestiférés,

Et cela, tout le temps qu'on aura désigné.
L'on peut être assuré, qu'avec ces conditions
Pas un seul duelliste voudra nous insulter.
D'après nous, c'est donc, nous le reconnaissons,
Le meilleur moyen pour se faire respecter.

LOI DE SOCIÉTÉ

La loi de société, est loi de la nature;
Opinion qui, pour nous, nous parait des plus sûres.
En voici la raison, infiniment sensée :
C'est que la parole et les autres facultés,
Indispensables à la vie de relation,
Tout inutilement, comme il est de raison,
N'ont pas été données par la DIVINITÉ,
A l'Être humain qui n'est qu'un Esprit incarné.
D'où nous pouvons conclure, en toute vérité,
Que ceux qui s'isolent de toute *société*,
Par *pur* égoïsme sont toujours très coupables,
Leur vie étant, alors, nulle pour leurs semblables,
Et eux ne pouvant que s'abrutir, s'étioler;
Conséquence contraire à la *loi* naturelle.
Donc les *hommes* sensés doivent la fréquenter;
Conclusion véritable et de plus éternelle.
Les liens de famille, durables chez les *hommes*
Et que momentanés chez tous les animaux,
Doivent être pour nous, tous autant que nous sommes,
Une vraie vérité. Cependant, il ne faut
Aucunement, Lecteurs, qu'elle nous fasse oublier

Les liens de famille tout à fait spirituels;
Desquels, assurément, il nous faut rappeler,
Du moment qu'eux *seuls*, sont *immuables, éternels*.

LOI DU PROGRÈS

La loi du progrès est une loi de nature.
La preuve : c'est que tout, dans ladite nature,
Doit s'améliorer et ensuite progresser;
Ainsi l'a décidé, de DIEU, la volonté.
Seulement les *hommes* doivent tous arriver,
Dans un sûr laps de temps, plus ou moins éloigné,
A posséder toutes sortes de perfections;
But final pour tout Être humain et spirituel.
Ici s'offre une assez sérieuse observation :
C'est qu'entre le progrès physique, intellectuel,
Peut se produire une trop grande différence.
Dans tous cas de ce genre, alors la PROVIDENCE
Produit dans la partie qui se trouve arriérée,
Une secousse qui toujours est suffisante
Pour la faire arriver au degré désiré.
Cela se voit dans notre humanité souffrante
Ainsi que nous l'enseigne, assez souvent l'histoire.
Pour ce qu'on appelle : *peuples dégénérés*,
Nous ferons remarquer, que c'est erreur de croire,
Que la loi du progrès s'en trouve diminuée.
En effet, quelques-uns paraissent reculer,
Tandis qu'un plus grand nombre arrive à progresser.

LOI D'ÉGALITÉ

Toutes Créatures humaines subissant,
Également les Lois de la DIVINITÉ,
Nous devons comprendre, tout naturellement,
Qu'est loi de nature, la loi d'égalité.
Cette raison, Lecteurs, nous paraît suffisante.
Quant à l'égalité entre l'homme et la femme;
Elle paraît, pour nous, tout à fait évidente,
Et penser autrement, certes serait infâme.
Par devant le tombeau existe également
Une autre égalité, laquelle est acceptée
Forcément par nous tous, et qui, certainement,
N'est pas plus exacte que la susdésignée.

LOI DE LIBERTÉ

Est loi de nature, la loi de liberté;
Vérité justifiée par notre *libre arbitre*,
Lequel est forcément notre propriété.
Certes, qui le nierait serait un pauvre pître.
De cela, cependant, il nous faut pas admettre
Que notre liberté puisse être tout entière;
Aux lois d'une Nation, elle doit se soumettre;
C'est le devoir de tous et la cause première.
En effet, sans cela, aucune société,
Pourrait vraiment jouir de la tranquillité.

LOI DE JUSTICE ET DE CHARITÉ

La loi de justice et celle de charité,
Chez tous Êtres humains sont tellement innées,
Que, naturellement, il nous faut reconnaître
Que forcément les deux sont *lois* de la nature.
Sublime vérité, qu'on ne peut méconnaître,
Et tellement imbue chez toute Créature,
Qu'elle peut supporter aucune discussion.
La *première* consiste, avec toute raison,
Dans le respect des droits de chaque individu,
Lesquels sont pour chacun plus ou moins étendus.
Elle a surtout comme base fondamentale
Ce principe sublime et de plus très moral :
« *Faire en faveur d'autrui, tout ce que nous voulons*
Pour nous-mêmes, Lecteurs, en droit et en raison. »
La *seconde*, en étant le plus pur complément,
Peut être matéri.lle ou toute spirituelle;
Les deux ont leur mérite, et très certainement
Elles sont l'une et l'autre excessivement belles,
Et toujours approuvées par notre CRÉATEUR.
Mais enfin, disons-le, pour l'unique bonheur
De celui qui doit en retirer avantage,
La toute spirituelle est la plus essentielle;
Elle seule pouvant lui donner en partage
La vraie félicité purement spirituelle.
Aussi, pouvons-nous faire, avec juste raison,
Ces consolantes et sublimes réflexions :

Voulez-vous, au prochain, faire un bien véritable?
Instruisez-le surtout dans la *pure* morale :
Faites-lui comprendre que la croyance en DIEU,
Est le premier devoir, et puis le plus précieux
Qui incombe, ici-bas, à tous Êtres humains,
Qui tous, sans exception, sont ses enfants enfin.
Faites-lui connaître ses attributs immenses,
Lesquels sont les suivants : *éternel, immuable,*
Unique, immatériel, et puis *toute-puissance.*
Tout à fait *juste* et *bon,* tout à fait *adorable.*
Tels sont les attributs que nous reconnaissons
Appartenir, enfin, à la DIVINITÉ,
Qui ne doit les avoir, tous en sa possession,
Qu'au suprême degré, comme elle a la bonté.
De plus, dites-lui que son *âme* est immortelle
Et que, par conséquent, après la vie actuelle,
Elle a, pour son bonheur et sa félicité,
La vie spirituelle pour toute éternité.
Dites-lui, encore, que de grandes jouissances
Lui seront accordées, comme une récompense,
Si toutefois elle a le très grand avantage
D'accomplir, ici-bas, la sublime mission
Qui lui fut imposée, puis donnée en partage.
Dans le cas contraire, aujourd'hui nous savons
Que, hors de cette vie, l'attend la punition,
Si, malheureusement, elle a la prétention
De vouloir s'exempter du devoir imposé
A tous Êtres humains, par la DIVINITÉ.
C'est, dans le premier cas, la progression pour elle,

Autrement dit la vie plus heureuse et plus belle;
Et, dans le second cas, c'est à recommencer,
Ce qui pour elle, alors, ne peut que l'affliger,
Simple en est la raison : c'est que recommencer,
C'est subir de nouveau les souffrances passées,
Et se voir obligé, alors, de réparer
Ce que l'on a mal fait, les fautes du passé.
Pour cela, de nouveau, lui faudra s'incarner
Dans un monde égalant celui qu'elle a quitté;
Alors, il lui faudra de nouveau supporter
Les mêmes souffrances que dans ledit passé,
Faisons bien ici-bas et nous éviterons,
Dans la prochaine vie que nous devrons subir,
Des malheurs aussi grands et que nous redoutons.
Du vrai bonheur, alors, tous nous pourrons jouir.

PERFECTION MORALE

Ce que nous appelons : la *perfection morale*,
Dans notre humanité ne peut pas exister;
Car, très certainement les passions animales
Ont par trop le pouvoir de nous influencer;
Lequel pouvoir, l'orgueil et puis la vanité
Possèdent chez nous tous au suprême degré.
Exterminons, en nous, ces défauts méprisables
Et, naturellement, il est plus que probable
Qu'il nous sera permis de nous en rapprocher
Toujours de plus en plus; honorable ambition
Que nous sommes en droit de pouvoir contenter.

Mais, naturellement, la plus simple raison
Nous dit que tous enfin, nous sommes destinés
A posséder un jour semblable perfection,
Cela, pour en jouir pour toute éternité;
Preuve assurée que DIEU est infiniment bon.
C'est pourquoi, chers Lecteurs, il Lui faut adresser,
A toute heure du jour, cette ardente prière
D'un grand moraliste; lequel a composé
De beaux quatrains moraux, qui sont très estimés.

PRIÈRE

« Mon DIEU, pour être heureux, hélas ! que puis-je faire ?
« Vous savez mieux que moi quels sont mes vrais besoins.
« Le cœur de votre enfant s'en rapporte à vos soins ;
« Donnez-moi les vertus qu'il me faut pour vous plaire. »

PIBRAC.

LIVRE QUATRIÈME

CHAPITRE PREMIER

PEINES & JOUISSANCES TERRESTRES

BONHEUR ET MALHEUR

L'*homme* ne peut jouir du vrai parfait bonheur
Sur la terre; en voici, la raison, cher Lecteur :
C'est parce qu'ici-bas, sa vie est purement
Vie d'expiation et puis d'épreuve également;
Mais il dépend de lui, d'adoucir ses misères
Et de rendre sa vie suffisamment prospère.
Il lui faut, pour cela, pratiquer en conscience,
La vraie *loi* naturelle ou *loi* par excellence;
Laquelle est forcément la Loi du CRÉATEUR.
En effet, l'on peut dire, en toute vérité,
Qu'il se fait l'artisan de son propre malheur,
Lorsqu'il veut s'écarter de cette Loi *sacrée*.

Pour en avoir la preuve, il lui faut remonter
Alors, de proche en proche, à la vraie origine
De ses désagréments, qu'il veut bien appeler
Ses malheurs terrestres, dans lesquels il s'obstine,
Hélas ! par trop souvent ; il verra qu'ils ne sont
Que la suite d'une première déviation
A cette Loi *divine.* En effet, il saura
Que cette susdite première déviation
L'a vraiment fait entrer (comme il est de raison)
Dans une voie mauvaise, et puis, après cela,
Est résulté pour lui, son bien triste malheur.
D'où, il faut conclure, que pour notre bonheur,
Il faut nous soumettre à la Loi du CRÉATEUR.
Reconnaissons enfin, que bonheur et malheur,
Est vraiment *relatif* à notre appréciation
Des choses d'ici-bas ; d'où, certes, nous devons
Conclure, amis Lecteurs, qu'il en existe autant,
Qu'il existe de goûts et puis de sentiments
Divers chez les *hommes.* Ici, disons enfin,
Que c'est être imprudent d'envier à son prochain,
Ce que l'on regarde comme étant un vrai bien,
Car ce bien peut être, pour ce même prochain,
Une épreuve glissante et vraiment dangereuse ;
Épreuve qui devient d'autant plus dangereuse
Pour le susdit prochain, qu'au lieu de quelques heures
De bon temps qu'elle lui procure sur la terre,
Elle peut lui faire ressentir des douleurs
Et des remords cuisants, vraiment longs au contraire ;
Des siècles peut-être, comparativement

Aux heures en question, et cela dans la vie
Toute spirituelle, qui (celle-ci finie)
Existe pour nous tous, tout naturellement.
L'une est momentanée, c'est notre vie actuelle ;
L'autre, tout au contraire, est vraiment immortelle.
D'après cela, pour peu que nous soyons sensés,
Et de plus, encore, que nous soyons prudents,
Nous devons admettre, tout naturellement :
Que tout en nous trouvant absolument privés
Des faveurs dont notre prochain est gratifié,
Nous sommes ici-bas, forcément dégagés
De sa redoutable responsabilité,
Qui fait vraiment frémir. *Avis aux gens sensés.*
Enfin, nous pouvons dire, en toute vérité,
Qu'il existe un bonheur, commun aux incarnés :
Consistant à avoir le parfait nécessaire
Pour la vie matérielle, et, pour la vie morale,
La bonne conscience, vraiment la principale ;
Puis, ensuite, la foi, raisonnable et sincère,
Dans l'heureux avenir d'une vie spirituelle,
Vérité consolante et de plus rationnelle.
Il existe, encore, pour nous tous, trois moyens
D'avoir le vrai bonheur, le *seul* qui soit certain
Et que tous ensemble nous devons désirer.
Le *premier* consiste à ne jamais succomber
Aux rudes tentations de l'orgueil, de l'envie,
De l'avarice et de l'ignoble jalousie ;
Passions qui, en out temps, sont de vrais vers rongeurs
Qui toujours pr urent les plus vives douleurs.

Surtout la jalousie, puis l'envie, tous les deux
Torturant et donnant aucun repos possible
A celui qui, hélas! y est très accessible,
Et qui, certainement, est des plus malheureux.
Pour lui, c'est, en effet, un malheur continuel,
Un effroyable enfer qui devient perpétuel.
Le *deuxième* consiste à toujours regarder
(Vérité absolue, qu'il nous faut observer)
Non, au-dessus de soi, mais toujours au-dessous.
Alors, la vue de ceux qui souffrent plus que nous,
Nous porte assurément à nous considérer
(Non par égoïsme, ce qu'il faut éviter)
Très heureux, en voyant que nous souffrons moins qu'eux,
Tout en les plaignant tous et nous apitoyant
Sur leur malheureux sort, tout naturellement.
Enfin, le *troisième*, qui certes est le mieux :
C'est de considérer, comme peu important,
Les choses d'ici-bas, et de faire du bien,
Tout autant qu'on le peut, à ses frères enfin;
Par intérêt pour eux, tout naturellement,
Mais surtout, *avant tout*, par *pur amour* pour DIEU,
Notre *Père céleste* à tous sans exception ;
Seul Créateur et *Seul* Directeur dans les cieux,
De tout ce que comprend toute la création,
Et, de plus, la *source* (c'est de toute évidence)
De *vraie consolation* et de *toute espérance.*

PERTE DE PERSONNES AIMÉES

Notre vie spirituelle étant chose assurée,
Sans doute la perte de personnes aimées
(Quant cette perte a lieu tout naturellement),
Ne doit en aucun cas, beaucoup nous affliger;
Nous devons dans ce cas (cela, c'est évident)
Purement, simplement, alors les regretter.
En effet, pour elles, toute mort naturelle
Est une véritable et pure délivrance,
Et quelquefois la fin d'une grande souffrance,
Et cela, pour jouir de la vie spirituelle,
La *seule* bien-aimée et qui soit éternelle.
C'est donc, d'après cela, une erreur très réelle,
Que de nous affliger de leur départ heureux.
Comme preuve, Lecteurs, de ce que nous disons,
Nous allons vous citer, ces deux comparaisons:
Supposons deux amis, tous les deux enfermés
Dans le même cachot et devant certain jour
Avoir leur liberté. L'un d'eux, plus fortuné,
Ayant le vrai bonheur d'en sortir pour toujours;
Serait-ce, franchement, vraie marque d'amitié,
De la part de l'autre, que d'en être affligé ?
Voyez, examinez et de plus *répondez !...*
Autre exemple, encore, qui (vous nous l'avouerez)
Est aussi convaincant : admettons, par exemple,
Qu'un ami véritable, auprès de nous, nous semble
Dans une situation pénible en vérité;

Ses affaires ou bien encore sa santé
Exigeant qu'il aille, pour son propre intérêt,
Habiter un endroit tout à fait éloigné.
Voulant lui témoigner, tant soit peu d'intérêt,
De son absence, alors, peut-on être affligé ?
Encore ici, Lecteurs, *voyez*, *examinez*
Et puis assurément, franchement, *répondez?...*
Sachez donc, vous tous qui restez inconsolables,
Que vous faites, hélas ! un mal très véritable
A celui qui jouit, avec un vrai bonheur,
De la vie bien-aimée, la vraie vie spirituelle,
La *seule* vraiment belle et vraiment éternelle.
Simple en est la raison, pour votre vrai malheur :
C'est parce que votre désespoir très coupable,
Prouve que vous doutez (chose très regrettable)
D'être à lui réuni, après votre départ;
Ce qui, certainement, peut fort bien arriver
Par votre faute, hélas ! qui n'est de votre part
Que très malheureuse, ne pouvant qu'affliger
Celui que vous pleurez ; car, il sait maintenant,
Que votre réunion, qu'il désire ardemment,
Peut devenir, hélas ! tout à fait impossible
Par cette faute dont vous vous rendrez passible.
Voyez, examinez et puis *réfléchissez;*
Alors, tout autrement, sans doute vous agirez.

DÉCEPTION, INGRATITUDE

Chacun, avons-nous dit, étant récompensé
Selon son mérite (lequel, en vérité,
Est d'autant plus digne qu'on est plus charitable),
Il est par conséquent, grandement préférable
D'éprouver des peines et puis des déceptions
De la part du prochain, que de (nous l'affirmons)
Nous en rendre nous-même à peu près responsable.
La raison en est simple et de plus rationnelle :
C'est parce que celui qui s'est rendu coupable,
S'attire des remorde dans la vie spirituelle ;
Remords d'autant plus grands, que les passions mondaines
N'existent plus pour lui, chose vraiment certaine.
Alors, ils deviennent à un si haut degré,
Que l'Être malheureux qui s'en trouve affligé,
Éprouve énormément les plus affreux tourments,
Et cela, disons-le, à peu près constamment.
Pourtant, ce n'est pas là, toute sa punition.
En effet, lors de sa nouvelle incarnation,
Il lui faudra subir (chose très juste, enfin)
Tous les maux qu'il aura fait subir au prochain
Dans sa précédente corporelle existence;
Cela, sans aucun doute, avec toute patience
Et vraie résignation, *comme réparation.*
Sans cela, pour nous tous, toute vraie progression
Vraiment spirituelle, n'a pas sa raison d'être.

Sans doute, chers Lecteurs, il nous faut reconnaître
Qu'une telle pensée, jointe à une absolue
Résignation à la suprême volonté
De DIEU, devait suffire et même beaucoup plus
(Cela, c'est évident, en toute vérité),
Pour nous faire accepter avec résignation,
Certains maux qu'ici-bas, l'on ne peut éviter
Sans nuire à son prochain, comme il est de raison.
C'est un devoir sacré, qu'il nous faut observer;
Car alors, dans ce cas, notre juste pensée
Doit nous dire que nous les avons mérités.

SYMPATHIE ET ANTIPATHIE

On nomme sympathie et puis antipathie,
Deux sentiments qui sont tout à fait opposés.
En tout temps, le *premier*, ou bien la sympathie,
Produit entre nous tous, une douce amitié
Réelle et sincère; tandis que le *second*,
Tout naturellement ne produit rien de bon,
Et trop souvent, hélas! produit la malveillance,
Voire même des effets, quelquefois très coupables
Et toujours (c'est certain) tout à fait regrettables.
Chose triste pour tous, alors la vraie prudence
Se trouve à très peu près forcément annulée,
Ce qui donne naissance au mal exagéré.
Évitons, chers Lecteurs, ce *dernier* sentiment
Tout autant que possible, alors que nous savons
Être assez faible, hélas! pour subir son action.

Concernant le *premier*, nous devons franchement
Reconnaître qu'il est vraiment recommandable,
Et souvent produit la plus grande jouissance
Qu'on puisse éprouver (c'est chose véritable)
Sur notre terre et puis dans notre autre existence.
Enfin, disons ici, que ces deux sentiments
Résultent d'un effet soit *moral* ou *physique*.
Le *premier* peut toujours, tout en restant prudent,
S'accepter sans crainte; l'autre, cela s'explique,
Demande assurément une longue expérience.
Agir tout autrement, c'est manquer de prudence.

APPRÉHENSION DE LA MORT

Disons, pour commencer, que toute appréhension
De la mort, ne peut pas (avec toute raison)
Être la même pour nous tous évidemment,
Et nous allons, de plus, le prouver à l'instant.
Ainsi, par exemple : c'est une vérité,
Que tout *homme* charnel, étant plus attaché
A la vie appelée purement matérielle,
Qu'à celle désignée comme étant spirituelle,
Doit vraiment avoir des peines et jouissances
Toutes matérielles, et mettre son bonheur,
Dans la vraie possession de tout ce qui pour l'heure,
Peut en plein contenter toutes ses exigences,
Purement mondaines, comme ses sentiments.
Son esprit affecté de tous les changements
S'opérant dans la vie, est alors torturé

Par l'idée de la mort, qui, pour l'éternité,
Doit le priver enfin, de tout ce qui le rend
Heureux et puis content, durant ce court instant.
L'*homme* non matériel, se plaçant au-dessus
Des besoins factices créés par les passions,
Dès ici-bas, a des jouissances inconnues
A l'*homme* matériel, tout rempli de passions.
Ses modérés désirs, donnent en vérité,
A son esprit le calme et la sérénité.
Heureux du bien qu'il fait, les déceptions pour lui
Ont très peu d'importance et les choses fâcheuses
Glissent sur son esprit nullement avili,
Sans y laisser aucune empreinte douloureuse.
Enfin, la mort, pour lui, n'est qu'une délivrance
Le retour à la vie pleine de jouissance ;
Vie véritable de son Être spirituel,
Lequel conserve son individualité,
Lorsqu'il lui faut sortir de notre monde actuel.
Pour lui, certainement, c'est une vérité.
Maintenant, chers Lecteurs, *voyez, examinez,*
Et *dites-nous,* enfin, quel est celui des deux
Qui vous semble devoir être le plus heureux?
Nous insistons, Lecteurs, franchement *répondez !...*

CHAPITRE DEUXIÈME

PEINES & JOUISSANCES FUTURES

NÉANT. VIE FUTURE

En tout temps, chers Lecteurs, l'avenir d'outre-tombe
A naturellement, toujours préoccupé
Toute Créature de notre humanité.
En effet, pour elle, l'avenir d'outre-tombe
Est assez important pour la préoccuper;
Car, enfin, quelle que soit la très grande importance
Qu'elle attache aux vaines et courtes jouissances
D'ici-bas, elle doit forcément les juger
Comme étant minimes, puisque à tous les instants
Elle peut succomber. Nous sommes donc vraiment,
Peu sûr du lendemain, nous tous en général,
Où allons-nous, Lecteurs, après le coup fatal?
La question est grave et nous intéresse tous...
Celui qui doit passer de nombreuses années
Dans un pays lointain, s'inquiète avec raison
De la plus ou bien moins heureuse position
Qu'il pourra y avoir, y étant arrivé.

Après cela, Lecteurs, pouvons-nous sensément
Ne pas nous inquiéter de celle assurément,
Que nous aurons après notre existence actuelle,
Puisque la vraie durée doit en être éternelle.
Car il faut avouer, en toute vérité,
Que l'idée du *néant* est très peu *consolante*,
Et puis *dangereuse* dans toute société
De notre humanité, chose très évidente (1).
De plus, reconnaissons, avec toute raison, ·
Que le plus *insouciant* d'entre nous doit se faire,
Une fois arrivé le moment de mourir,
Cette simple question : *Que vais-je devenir ?*
Involontairement, forcément il *espère...*
Croire en la vie future et ne pas croire en DIEU,
Serait un *pur non-sens* et puis *vice versâ.*
Si nous réfléchissons, cette vérité-là,
Tout naturellement nous sautera aux yeux.
Le *pur* sentiment d'une existence meilleure
Est, généralement, dans le for intérieur
De nous tous, et DIEU n'a pu l'y placer en vain.
Qu'en pensez-vous, Lecteurs ? Quant à nous, c'est certain.

INTUITION DES PEINES ET JOUISSANCES
FUTURES

Au moment de la mort, tous les vrais sentiments
Qui, chez tous les *hommes*, sont vraiment dominants,

---

(1) *Avis aux matérialistes humanitaires.*

Sont : le *doute* pour *ceux* qui manquent de confiance ;

Pour tous les vrais croyants : une *douce espérance*

Pour *ceux* qui sont vertueux, et (c'est chose évidente)

Pour tous les coupables, une *crainte* effrayante (1).

En toute justice, pouvons-nous, chers Lecteurs,

Nier cette vérité partagée par plusieurs :

C'est qu'une autre vie doit être la conséquence

De l'*indiscutable* responsabilité

De nos actes humains dans notre humanité?

Pour nous, c'est tout à fait notre intime croyance,

Intuitive d'abord et que notre raison,

Nous impose ensuite, tout naturellement.

Au surplus, serait-il rationnel et prudent

De vouloir combattre cette juste opinion ?

Nous ne le pensons pas, et le simple bon sens

Nous dit que forcément, si nous sommes prudents,

Nous devons l'accepter avec toute confiance ;

Sans quoi, nous blasphémons vraiment la PROVIDENCE.

INTERVENTION DE DIEU
DANS LES PEINES ET JOUISSANCES FUTURES

L'intervention de DIEU, dans tout, sans exception,

Est une vérité, qu'avec toute raison,

---

(1) Nous ne parlons pas ici des *matérialistes*, car nous mettons formellement en doute qu'il en existe de véritables, dans ce moment terrible. En effet, si, en eux, le manque de confiance existe absolument, en eux également doit exister l'affreux doute dans ce suprème moment ; lequel doute assurément, doit les faire souffrir énormément.

Aucun de nous, sans doute, a la stupidité
De vouloir mettre en doute; alors, par conséquent,
Il doit intervenir (pour nous, c'est évident)
Dans les jouissances, les peines précitées.
Règle générale : sadite intervention
Se manifeste dans la vraie Loi naturelle
Qui règle tout ce que comprend la création,
Tant matérielle que purement spirituelle.
D'après ça, nos peines et de plus nos souffrances
Sont la conséquence (c'est de toute évidence)
De notre infraction à cette juste Loi,
Commune et semblable pour nous tous à la fois.
Si nous sommes prudents, évitons tout excès.
Sans quoi, la punition aura lieu sans procès,
Étant la conséquence, absolument forcée,
De l'excès lui-même. *Avis aux incarnés.*

NATURE DES PEINES ET JOUISSANCES
FUTURES

Le seul *bon sens* suffit, pour nous faire comprendre
Que les deux sont sans doute absolument morales ;
Ce qui, certainement, doit forcément les rendre
De beaucoup plus vives et plus considérables.
Ici-bas, jouissances et douleurs corporelles
Comparées à celles purement spirituelles,
Peuvent faire comprendre, en toute vérité,
De ce que nous disons, la rationalité.

PEINES CORPORELLES FUTURES

Ces peines sont celles que nous devrons subir,
Quand forcément, Lecteurs, il faudra revenir
Sur un monde terrestre, afin de continuer
Notre amélioration, qu'il nous faut désirer ;
Laquelle, sans doute, nous pouvons acquérir
Que par l'incarnation, dans le but d'accomplir
Sur un monde terrestre, une utile mission,
Nous servant d'expiation et d'épreuve nouvelle ;
Les *deux* devant servir à notre *progression*
Alors, il nous faudra, vérité naturelle,
Nous soumettre sans doute, à la *loi* du *talion* ;
Loi juste et sublime que tous nous connaissons,
D'après cela, Lecteurs, si nous sommes *prudents*,
Nous devons éviter avec le plus grand soin,
D'infliger à notre véritable prochain,
De très regrettables et pénibles *tourments* ;
Si nous ne voulons pas nous-mêmes les subir,
Quand il nous faudra de nouveau revenir.
Avis par conséquent, aux méchants d'ici-bas,
Qui voudront éviter ce redoutable cas.

DURÉE DES PEINES FUTURES

Cette durée, Lecteurs, est en tout temps basée
Sur tout le temps voulu, pour notre épuration.

Pour pouvoir, dans ce cas, abréger leur durée,
Il nous faut forcément, comme c'est de raison,
Faire tous nos efforts pour pouvoir *progresser;*
Ce que nous devons tous ardemment *désirer.*
En tout temps, pour cela, il nous faut obéir
A la *loi* de justice et puis de charité,
La plus considérable, il faut en convenir,
De celles instituées par la DIVINITÉ...

PEINES ÉTERNELLES

Dans le sens *absolu,* les peines éternelles
Ne pouvant s'accorder (en toute vérité)
Avec la justice et, ensuite, la bonté
De DIEU, sont forcément (vérité naturelle)
Complète *absurdité;* puis, encore un *blasphème*
Que nous prononcerions contre l'ÊTRE SUPRÊME.
Dans le sens *relatif,* nous devons, au contraire,
Reconnaître qu'elles ont lieu réellement.
La raison, la voici: toute chose existant
De toute éternité (chose très arbitraire)
Et devant encore pour toujours exister,
Les peines futures doivent donc se trouver
Dans un cas semblable; ce qui, certes, les rend
Vraiment éternelles; cela, c'est évident.

FIN DE CE POÈME.

BIOGRAPHIE

D'ALLAN KARDEC (1)

ALLAN KARDEC (Hippolyte-Léon-Denizard Rivail), chef et
fondateur de la doctrine dite *spirite*, est né à Lyon, le
3 octobre 1804; sa famille étant originaire de Bourg-en-
Bresse, département de l'Ain. Quoique fils et petit-fils
d'avocats, et d'une ancienne famille qui s'est distinguée
dans la magistrature et le barreau, il n'a point suivi cette
carrière; de bonne heure il s'est voué à l'étude des sciences
et de la philosophie. Élève de *Pestalozzi* en Suisse, il
devint un des disciples éminents de ce célèbre pédagogiste,
et l'un des propagateurs de son système d'éducation, qui a
exercé une grande influence sur la réforme des études en
France et en Allemagne. C'est à cette école que se sont
développées les idées qui devaient plus tard le placer dans
la classe des hommes de progrès et des libres-penseurs. Né
dans la religion catholique, mais élevé dans un pays pro-
testant, les actes d'intolérance qu'il eut à subir à ce sujet
lui firent, dès l'âge de quinze ans, concevoir l'idée d'une
réforme religieuse, à laquelle il travailla dans le silence
pendant de longues années, avec la pensée d'arriver à
l'unification des croyances; mais il lui manquait l'élément
indispensable à la solution de ce grand problème. Le Spiritisme vint plus tard le lui fournir et imprimer une direction.

---

(1) Cette biographie a été extraite de l'important *Nouveau dictionnaire
universel* de Maurice Lachâtre.

spéciale à ses travaux. Vers 1850, dès qu'il fut question des manifestations des Esprits, ALLAN KARDEC se livra à des observations persévérantes sur ces phénomènes, et s'attacha principalement à en déduire les conséquences philosophiques. Il y entrevit tout d'abord le principe de nouvelles lois naturelles : celles qui régissent les rapports du monde visible et du monde invisible; il reconnut dans l'action de ce dernier une des forces de la nature, dont la connaissauce devait jeter la lumière sur une foule de problèmes réputés insolubles, et il en comprit la portée au point de vue scientifique, social, et religieux. Ses PRINCIPAUX OUVRAGES sur cette matière sont : le *Livre des Esprits* pour la partie philosophique, dont la première édition a paru en librairie le 18 avril 1857; le *Livre des Médiums*, pour la partie expérimentale et scientifique (janvier 1861); l'*Évangile selon le Spiritisme*, pour la partie morale (avril 1864); le *Ciel et l'Enfer*, ou la justice de DIEU selon le Spiritisme (août 1865); la *Genèse, les miracles et les prédications* selon le Spiritisme (janvier 1868); la *Revue spirite, journal d'études psychologiques*, recueil mensuel commencé le 1er janvier 1858. Il a fondé à Paris, le 1er avril 1858, la première Société spirite régulièrement constituée, sous le nom de *Société parisienne des études spirites*, dont le but exclusif est l'étude de tout ce qui peut contribuer au progrès de cette nouvelle science. ALLAN KARDEC se défend lui-même d'avoir rien écrit sous l'influence d'idées préconçues ou systématiques. Homme d'un caractère froid et calme, il a observé les faits, et de ses observations il a déduit les lois qui les régissent; le premier, il en a donné là théorie et en a formé un corps méthodique et régulier. En démontrant que les faits faussement qualifiés de surnaturels sont soumis à des lois, il les fait rentrer dans l'ordre des phénomènes de la nature, et détruit ainsi le dernier refuge du merveilleux et l'un des éléments de la superstition. Pendant les premières

annéesoù il fut question de phénomènes spirites, ces manifestations furent plutôt un objet de curiosité qu'un objet de
méditations sérieuses. Le *Livre des Esprits* fit envisager la
chose sous un tout autre aspect; alors on délaissa les tables
tournantes, qui n'avaient été qu'un prélude, et on se rallia
à un corps de Doctrine qui embrassait toutes les questions
intéressant le plus notre humanité. De l'apparition du *Livre
des Esprits* date la véritable fondation du Spiritisme, qui,
jusqu'alors, n'avait possédé que des éléments épars sans
coordination, et dont la portée n'avait pu être comprise de
tout le monde; de ce moment aussi la Doctrine fixa l'attention des hommes sérieux et prit un développement rapide.
En peu d'années, ces idées trouvèrent de nombreux adhé-
rents dans tous les rangs de la société et dans tous les pays.
Ce succès, sans précédent, tient sans doute aux sympathies
que ces idées ont rencontrées; mais il est dû aussi en grande
partie à la clarté, qui est un des caractères distinctifs d'AL-
LAN KARDEC. En s'abstenant des formules abstraites de la
métaphysique, l'auteur a su se mettre à la portée de tout le
monde et se faire lire sans fatigue, condition essentielle
pour la vulgarisation d'une idée. Sur tous les points de con-
troverse, son argumentation, d'une logique serrée, offre peu
de prise à la réfutation et prédispose à la conviction. Les
preuves matérielles que donne le Spiritisme de l'existence
de l'âme et de la vie future, tendent à la destruction des
idées matérialistes et panthéistes. Un des principes les plus
féconds de cette Doctrine et qui découle du précédent,
est celui de la *pluralité des existences*, déjà entrevue par
une foule de philosophes anciens et modernes, et, dans ces
derniers temps, par *Jean Reynaud, Charles Fourier, Eugène
Sue* et autres ; mais il était resté à l'état d'hypothèse et de
système, tandis que le Spiritisme en démontre la réalité, et
prouve que c'est un des attributs essentiels de l'humanité.
De ce principe découle la solution de toutes les anomalies

apparentes de la vie humaine, de toutes les inégalités intellectuelles, morales et sociales; l'homme sait ainsi d'où il
vient, où il va, pour quelle fin il est sur la terre, et pourquoi il y souffre. Les idées innées s'expliquent par les connaissances acquises dans les vies antérieures; la marche
ascendante des peuples et de l'humanité, par les hommes
des temps passés qui revivent après avoir progressé; les
sympathies et les antipathies, par la nature des rapports antérieurs, lesquels relient la grande famille humaine de toutes
les époques et donnent pour bases les lois mêmes de la nature, et non plus une théorie. aux grands principes de *fraternité*, d'*égalité*, de *liberté* et de *solidarité universelle*. Il
touche, en outre, directement à la religion, en ce que la
pluralité des existences étant la preuve du progrès de l'âme,
détruit radicalement le dogme de l'enfer et des peines éternelles, incompatible avec ce progrès. Avec ce dogme suranné tombent les nombreux abus dont il a été la source. Au
lieu du principe antihumanitaire : *Hors de l'Église point
de salut*, qui entretient la division et l'animosité entre les
différentes sectes, et qui a fait verser tant de sang, le Spiritisme a pour maxime fondamentale : *Hors la charité point
de salut*, c'est-à-dire l'égalité de tous les hommes devant
DIEU, la tolérance, la liberté de conscience et la bienveillance mutuelle. Au lieu de la *foi aveugle* qui annihile la
liberté de penser, il dit : *Il n'y a de foi inébranlable que
celle qui peut regarder la raison face à face à tous les âges
de l'humanité. A la foi, il faut une base, et cette base, c'est
l'intelligence parfaite de ce que l'on doit croire; pour
croire, il ne suffit pas de voir, il faut surtout comprendre.
La foi aveugle n'est plus de ce siècle; or, c'est précisément
le dogme de la foi aveugle qui fait aujourd'hui le plus
grand nombre d'incrédules, parce qu'il veut s'imposer et
qu'il exige l'abdication d'une des plus précieuses facultés
de l'homme : le raisonnement et le libre arbitre.* (Évangile

selon le Spiritisme.) La Doctrine spirite, telle qu'elle ressort des ouvrages d'ALLAN KARDEC, renferme en elle les éléments d'une transformation générale dans les idées, et la transformation des idées amène forcément célle de la société. A ce point de vue, elle mérite l'attention de tous les hommes de progrès. Son influence s'étendant déjà sur tous les pays civilisés, donne à la personnalité dè son *fondateur* une importance considérable, et tout fait prévoir que, dans un avenir peut-être prochain, il sera posé comme l'un des principaux réformateurs du xixe siècle, et, certainement, nous pouvons même dire : *comme le plus grand réformateur de notre* xixe *siècle.* — ALLAN KARDEC est décédé le 31 mars 1869.

DÉDICACE

Par reconnaissance et puis sympathie extrême,
A tous les bons Esprits nous dédions ce Poème.

Augustin BABIN.

POÈME ASTRONOMIQUE

AVEC

FIGURES ASTRONOMIQUES

www.ingramcontent.com/pod-product-compliance
Lightning Source LLC
Chambersburg PA
CBHW070940280326
41934CB00009B/1948